Anke Blieschies

Das Käthe Kollwitz Museum Köln

Der Museumsführer für Kinder

Gratis-Eintritt für 2 Kinder!

Bitte im Museum abstempeln lassen!

J.P. BACHEM VERLAG

Entdecker Touren

Umschlagabbildung:
Für Kinder ein erlebnisreicher Museumsbesuch: die Angebote des Käthe Kollwitz Museums Köln bieten viel Auswahl.

Bild rechts:
Die kleine Schwester ist in eine Decke eingehüllt und fühlt sich auf dem Arm der großen Schwester geborgen.
Für Groß Berlin, 1912, Kreide- und Pinsellithographie (Ausschnitt).

Bildnachweis
Alle Abbildungen VG Bildkunst, außer
Cover, S. 27, 45: Boris Loehrer;
S. 4, 44, 47, 48: Anke Blieschies;
S. 36: Albertina Museum, Wien.

Zeichnungen von Charlotte Hofmann.

Alle Zitate von Käthe Kollwitz stammen aus:
Käthe Kollwitz: Die Tagebücher, hrsg. von Jutta Bohnke-Kollwitz, Berlin 1989.

Bibliografische Information Der Deutschen Bibliothek
Die Deutsche Bibliothek verzeichnet diese Publikation in der Deutschen Nationalbibliografie; detaillierte bibliografische Daten sind im Internet über http://dnb.ddb.de abrufbar.

1. Auflage 2006

Redaktion: Martina Dammrat, Köln
Lektorat: Christiane Wirtz, Bonn
Einbandgestaltung und Layout: Heike Unger, Berlin
Reproduktionen: Reprowerkstatt Wargalla GmbH, Köln
Druck: Druckerei J. P. Bachem GmbH & Co. KG, Köln
Printed in Germany
ISBN 3-7616-1974-x
www.bachem.de

Inhalt

Wenn du diesen Führer durch das Käthe Kollwitz Museum Köln in die Hand nimmst, dann hast du drei Dinge:

- erstens einen praktischen Leitfaden durch eines der schönsten Privatmuseen Kölns,
- zweitens ein Bilderbuch mit beeindruckenden Zeichnungen und Drucken von einer der berühmtesten Künstlerinnen des 20. Jahrhunderts und
- drittens ein Lesebuch mit interessanten Geschichten über die Zeit, in der Käthe Kollwitz gelebt hat.

Möchtest du Käthe Kollwitz selbst näher kennen lernen? Wir lassen sie an vielen Stellen in unserem Führer zu Wort kommen!

Hast du vielleicht noch nie etwas über den deutschen Kaiser, die zwei Weltkriege und das Leben früher gehört?

Käthe Kollwitz hat alles erlebt und es mit ihren Bildern auch für uns heute noch so lebendig gemacht, dass wir uns in diese Zeit sehr gut hineinversetzen können.

Manche Geschichten, die Käthe Kollwitz erzählt, bringen uns zum Nachdenken und sie berühren uns. Wir finden, das ist gut so!

Das Museum hat Zeichnungen und Drucke sowie alle Plakate von Käthe Kollwitz zusammengetragen und besitzt damit die größte Kollwitz-Sammlung der Welt. Auch sämtliche Plastiken, die die Künstlerin jemals gemacht hat, sind hier vereint. Es ist schon erstaunlich, wie viele unterschiedliche Techniken die Künstlerin beherrschte.

Damit du dir ein eigenes Bild machen kannst, haben wir diesen Kinderführer geschrieben und wünschen dir viele Anregungen und eine schöne Zeit im Käthe Kollwitz Museum Köln.

Käthe Kollwitz
Museum Köln
Kreissparkasse Köln

Käthe Kollwitz Museum Köln
Neumarkt 18-24
50667 Köln
Tel: 02 21/2 27-2899
E-Mail: museum@kollwitz.de
www.kollwitz.de

Öffnungszeiten:
Di–Fr 10–18 Uhr,
Sa, So und an Feiertagen 11–18 Uhr,
Mo geschlossen

Öffentliche Führung: So 15 Uhr

Einmal im Monat gibt es die Kollwitz-Werkstatt und regelmäßig führen Museumspädagogen Kinder ab sechs Jahren durch die Ausstellung. Im Schulferienprogramm werden praktische Kurse für Kinder angeboten, in denen man sich kreativ mit dem Werk der Künstlerin beschäftigen kann.

Bild links:
Bei einer Kinderführung durch das Museum darf man die Figuren auch ausnahmsweise anfassen.

1 Kinder, Kinder …

1

Kinder, Kinder …

**Was gibt es da wohl zu beobachten?
Was haben Vater und Mutter
denn da mitgebracht?**

Zwei Kinder am Treppengeländer,
um 1927, Kohle, gewischt.

Eines der liebsten Themen waren für Käthe Kollwitz die Kinderbilder, die sie immer wieder gezeichnet hat. Sie dachte wie viele Künstler ihrer Zeit, dass es besonders spannend sei, die Bewegungen und Gesichtsausdrücke der Kleinsten einzufangen.
Was ist wohl das Schwerste, wenn man Kinder zeichnen will? Fällt dir vielleicht auf, mit welcher Art von Strichen Käthe Kollwitz die Kinderbilder hinbekommt?

Vorherige Doppelseite:
Der Vater hat das Kind getragen, doch als es die Mutter sieht, will es unbedingt auf ihren Arm. Ein richtiges „Mamakind" also!
Familie II, Fassung 1931, Kreidelithographie.

Kinderbilder

Mit prüfendem Blick überlegt sich Frau Kollwitz, wie sie ihre Zeichnung wohl am besten anlegen sollte. Sie zeichnet im Stehen und hat das Papier an einer Staffelei befestigt. So kann sie immer wieder zurücktreten und das Ergebnis ihrer Zeichnungen besser betrachten. Die beiden Kinder hat Käthe Kollwitz im Wartezimmer ihres Mannes kennen gelernt. Sie freuen sich sehr darüber für die berühmte Frau Kollwitz Modell stehen zu dürfen, auch wenn sie hin und wieder ein bisschen aufgeregt wackeln. Modell stehen ist nämlich gar nicht so einfach!

Käthe Kollwitz überlegt …

Mütter und ihre Kinder

Der Vater war wohl sehr viel in der Arbeit. Wahrscheinlich hatten wir schon damals den Baukasten, den Vater hatte machen lassen. Es waren große, solide Klötze, und wir bauten viel damit. Von seinen gezeichneten Bauplänen in seiner Arbeitsstube fielen lange Streifen Papier ab. Die bekamen wir zum Bezeichnen. Konrads Phantasie ließ darauf immer Verfolgungen von Schlittenfahrern durch Wölfe oder ähnliches erstehen. Der Vater ließ all dies nicht unbemerkt. Er hob sich bald manche Streifen auf, die wir bekritzelt hatten. Erinnerungen, 1923

Geborgenheit bedeutet, sich ganz sicher zu fühlen. Jeder erinnert sich daran, wie es ist, in den Arm genommen zu werden. Man schmiegt sich eng an die Mutter und spürt ihre Arme ganz dicht und beschützend um sich.

Mit weichem Stift und runden Strichen hat Käthe Kollwitz hier eine Mutter mit ihrem kleinen wohlgenährten Baby auf dem Arm gezeichnet. Das Lächeln der Mutter zeigt, wie glücklich sie ist.

Der Turm der Mütter ist ein Beispiel für den Mut dieser Frauen, die sich gegen die Bedrohungen von außen stellen. In der Mitte dieser starken Mütter fühlt man sich sehr sicher.

Käthe Kollwitz hat nicht viele Skulpturen gemacht. Sie war in erster Linie mit Zeichnen und Drucken beschäftigt. Ihre wenigen dreidimensionalen Figuren zeigen jedoch ganz viel Neues. Man kann um sie herumgehen und merkt, wie sie zum Leben erwachen. Da! Beim Turm der Mütter schaut ein Kind aus dem sicheren Inneren ganz keck zwischen den Frauen hervor!

Das Motiv der Mütter, die ihre Kinder davor bewahren wollen, Kriegsopfer zu werden, hat Käthe Kollwitz auch in einigen Zeichnungen und vor allem in Plakatentwürfen aufgenommen.
Turm der Mütter, 1938, Bronze.

Als Käthe den Turm der Mütter vollendet hatte, war diese Skulptur den damaligen Machthabern, den Nationalsozialisten, ein Dorn im Auge. Von denen hörst du später noch mehr. Die deutschen Kinder müssten aber gar nicht beschützt werden, meinten diese rechthaberisch. Und wenn überhaupt, dann würde der Staat das für sie übernehmen. Von wegen!

Mit seinen kleinen Händchen streichelt das Kind das Gesicht der Mutter.
Mutter mit Kind auf dem Arm, 1916, Lithographie.

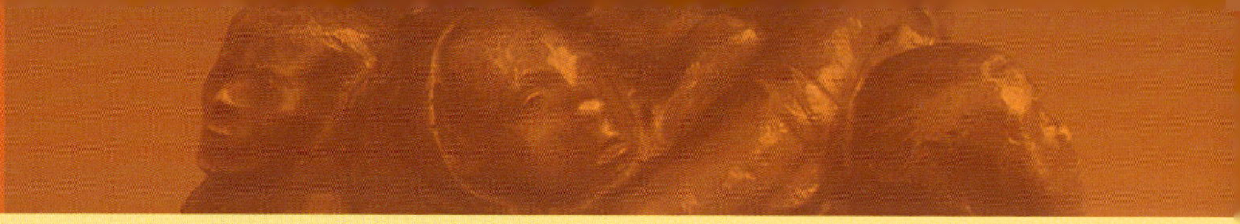

Mutter mit zwei Kindern, 1932–36, Bronze.

Wie kann man Mutterliebe am besten darstellen?

Käthe Kollwitz hat viele unterschiedliche Bilder zu diesem Thema geschaffen und jahrelang über die Figur der hockenden Mutter nachgedacht. Gleich zwei Kinder schmiegen sich rund und pummelig in die Arme der Mutter. Alles ist weich und anschmiegsam. Käthe Kollwitz hat hier der Mutterliebe eine Art Denkmal gesetzt.

Übrigens, die beiden Kleinen sind ihre Enkeltöchter Jördis und Jutta. Sie haben später als Erwachsene mit ihren Bildern den Grundstein für die Museumssammlung gelegt.

Für Groß Berlin, 1912, Kreide- und Pinsellithographie.

Wo das Spielen verboten war …

Vielleicht kennst du auch noch einige Schilder, auf denen das Spielen verboten wird? Das kommt einem heute ganz komisch vor, oder? Damals gab es dieses Schild in der riesigen Stadt Berlin recht oft. Und Käthe Kollwitz hat es sogar einmal gezeichnet und zwar für ein Plakat, mit dem eine Gruppe für eine Versammlung werben wollte. Bei diesem Treffen sollte über die Zukunft Berlins gesprochen werden.

Vielleicht kannst du es finden? Darauf steht geschrieben: „Das Spielen auf den

Höfen und Treppenfluren ist verboten!“ Davor steht ein etwa achtjähriges Mädchen, das sein Schwesterchen auf dem Arm trägt. Die Kleine ist in eine Decke gewickelt, damit sie nicht so friert. Beide schauen sehr traurig. Kannst du dir vorstellen, womit man sie am besten aufheitern könnte?

Schau dir die Jungen einmal genau an. Kannst du erkennen, welcher von ihnen vielleicht das Spiel gewinnen wird? Hörst du sie bald rufen und jubeln?

Verboten war das Spielen damals eigentlich überall: in den Hinterhöfen der Mietshäuser, in den Vorgärten der Reichen, auf den Straßen und den Plätzen der großen Stadt und in den Parks und Grünanlagen. Berlin ist eine riesige Stadt. Es gibt Autos und die Straßenbahn. Alle rennen hektisch durcheinander. Besonders schlimm war es nach dem Ende des Ersten Weltkriegs. Der Bevölkerung ging es schlecht. Viele Kriegsverletzte kamen zurück, aber manchen Familien fehlte der Vater und es gab immer weniger Arbeit. Trotzdem flüchteten die Menschen vom Land in die Stadt, weil sie hofften, dort wieder Arbeit zu finden. Die Stadt wurde immer voller und darum gab es kaum genug Wohnraum.
Auf die Kinder nahm sowieso niemand Rücksicht – manche Familie hatte mehr, als sie ernähren konnte. Zu viert oder zu fünft lebten sie in einem kleinen Zimmer und hatten zum Spielen oft nicht genug Platz. Schlagball war beliebt,

Drei Knaben beim Murmelspielen, um 1909/10.

1

Ein Kinderreim zu dieser Zeit lautete:

**Komm, Karlineken, komm,
Karlineken, komm,
Wir woll'n zu Pankow gehen,
da ist es wunderschön!
Komm, Karlineken, komm,
Karlineken, komm,
Wir woll'n zu Pankow gehn,
da ist es wunderschön!
1, 2, 3, 4, Pankow, Pankow,
Pankow, kille, kille Pankow!
Pankow, Pankow, Pankow,
Kille, kille Pankow!
PANKOW!**

ebenso das Murmelspiel. Das machte vor allem den Jungs Spaß. Die Murmel, die am nächsten an den Hauptklicker herankam, hatte gewonnen. Dann durfte der Werfer sich alle anderen Murmeln einstecken! Welch ein Reichtum! Die Hosentaschen fühlten sich mit dem Gewinn angenehm schwer an.

Nachlaufen war natürlich auch ein Renner und die Mädchen hatten – so war es schon immer – ihre Püppchen und spielten Vater, Mutter, Kind!

Doch in vielen Häuserblocks lebten Hausmeister, die streng waren und keinen Lärm duldeten. Da musste man höllisch aufpassen, dass man nicht erwischt wurde.

Käthe Kollwitz hat die Kinder immer wieder beim Spielen beobachtet und sie ganz lebendig gezeichnet. Sie schafft es, mit wenigen Strichen die Bewegungen und die Stimmungen der Spielenden anzudeuten.

Ganz furchtbar war dieser schreckliche Keuchhusten, den viele Kinder hatten, weil die Wohnungen dunkel und feucht waren und es nicht genug Kohle gab. In der Sprechstunde des Kinderarztes, Zweites der drei Flugblätter gegen den Wucher, 1920, Kreidelithographie (Umdruck), Ausschnitt.

Die Frau des Armenarztes

Mit Fieber und Husten saßen die kleinen Patienten im Wartezimmer von Karl Kollwitz. Viele Wohnungen in Berlin waren zugig und feucht. Zu essen gab es auch nicht genug. Ach, was für ein Elend. Käthe Kollwitz war immer wieder sehr berührt, wenn sie die armen Kleinen dort im Wartezimmer ihres Mannes sah. Weil viele Familien keine Arbeit und kein Geld hatten, behandelte Dr. Kollwitz sie oft umsonst. Er und seine Frau wollten helfen. Diese drei Mütter hat Käthe Kollwitz im Wartezimmer beobachtet und die winzigen Kinderchen mit ihren schmalen Gesichtern voller Mitleid gezeichnet. Was sie wohl miteinander redeten? Die Mütter machten sich bestimmt Sorgen und hofften sehr auf die Hilfe von Dr. Kollwitz.

Die Mutter von Hans und Peter

1892 wurde Hans, der erste Sohn von Käthe Kollwitz, geboren und 1896 kam Peter zur Welt. Käthe liebte ihre Jungs sehr und sprach oft von ihnen. In ihren Tagebüchern findet man folgende Einträge ...

... über Peter:

Wenn ich zurückdenke, so war er ein feines stilles liebenswürdiges Kind. „Ich will auch wild sein", sagte er einmal, als er in Rauschens Hans toben sah und fing auch an, hin- und herzulaufen.

Peters Humor hat sich schon in ganz früher Zeit entwickelt. Schon als ganz kleines Kind fielen mir die gemütlichen Lachfalten auf, die er um die Augen hat. Als wir einmal in der Elektrischen zusammen fuhren, sagte er nachdenklich: „Eigentlich sind doch alle Menschen komisch". Nach meiner Stirnhöhlenkrankheit las er mir einen Artikel über mich vor. (...) Als ich nach der Krankheit zum ersten Mal abends an seinem Bett saß und über etwas lachen musste, rief er aus: „Jetzt hast du endlich wieder dein altes Gurkengesicht." Er hat einen großen Spaß daran, mich zu uzen. Nachdenklich, wenn er mich von der Seite ansieht: „Gut fünfzig!" oder: „Fürchterlich bist du in deinem Zorn", wenn ich ihn schelte. Wenn er so recht in Laune ist, geht er sehr weit, seine lustigen Augen glitzern, doch ist immer noch eine Art Aufmerken da, ob er zu weit geht. 18. August 1910

... über Hans:

Wie er vier Jahre alt war und wir in Briese eines heißen Sommerabends auf unserem kleinen Balkon saßen – Lise und ich –, sagte ich, wie der Junge werden müsste. Ich weiß nicht mehr, was ich alles sagte, nur zum Schluss: Und er muss schwärmen können! Er kann es. Das ist gut. 15. Mai 1910

Mit zarten Strichen hat Käthe Kollwitz das Gesicht ihres jüngsten Sohnes eingefangen.
Peter liest im Bett, um 1908, Bleistift auf Zeichenpapier.

Da sitzt der kleine Hans ganz still vor der Kerze und träumt vor sich hin.
Hans Kollwitz mit Kerze, 1895, Feder und Pinsel in Tusche über Bleistift auf Zeichenpapier.

1

Radierung

Dies ist ein Druckverfahren, das mit einer Metallplatte Bilder herstellt, in welche vorher auf unterschiedliche Art das Motiv eingeritzt oder geätzt wurde. Der Begriff kommt aus dem Lateinischen: *radere*, was so viel wie kratzen oder wegnehmen bedeutet. Das Verfahren ist ein so genannter Tiefdruck. Das heißt, dass die Farbe sich in den tiefer in die Platte eingelassenen Strichen ansammelt und nur diese dann später gedruckt werden.

Die Kunst des Radierens hat sich aus einer Technik entwickelt, die früher die Goldschmiede benutzt haben, um Ritterrüstungen aufwendig zu verzieren.

Wie geht das?

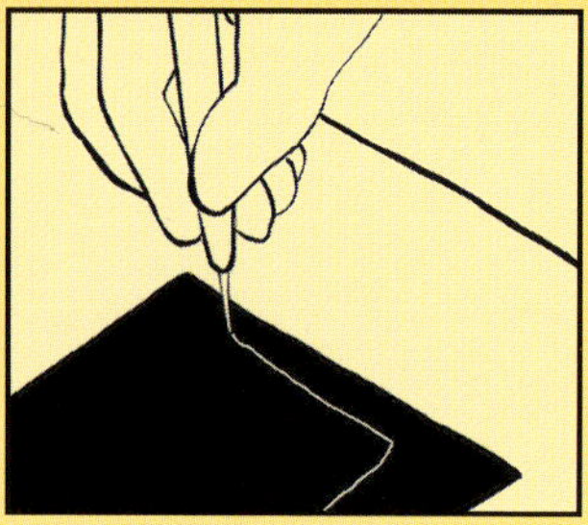

Durch scharfes Einschneiden werden bei der einfachen Radierung, die auch Kaltnadelradierung genannt wird, sehr genaue Zeichnungen in eine Metallplatte eingeritzt. Das geschieht mit einer Art Nadel oder früher auch schon mal mit einem Diamanten. Je fester man drückt, desto tiefer wird der Strich und desto dunkler erscheint er auf dem späteren Druck.

Bei der ebenfalls häufig benutzten Ätz-Technik hat die Platte eine schützende Schicht, die dort, wo das Bild abgezeichnet werden soll, eingeritzt wird. In einem weiteren Schritt wird die Platte in ein Bad mit Säure gelegt, die dann an diesen Stellen die Schutzschicht durchdringt und sich regelrecht in die Platte einfrisst. So entsteht das gewünschte Motiv durch Wegätzen. Manchmal sind hier die Linien etwas körnig, weil man nicht verhindern kann, dass ein bisschen von der Säure auch an den Rändern durchsickert.

Früher haben übrigens diejenigen die Radierung besonders geschätzt, die sich die teuren Ölgemälde nicht leisten konnten. Besonders der berühmte Rembrandt hat hier einen schwunghaften Handel betrieben. Käthe Kollwitz hat diesen Maler und seine großartigen Radierungen sehr gemocht. Auch seine vielen Selbstbildnisse haben sie sehr beeindruckt. Auf Seite 36 ist ein besonders schönes Porträt von ihm abgebildet.

Radierungen erkennt man immer an dem eingedruckten Rand der Platte auf dem Papier, der so genannten Facette. Man druckt mit einer speziellen Walze. Auf einer Unterlage, die sich schieben lässt, liegt die Platte, darüber ein Stück saugfähiges Papier und zu guter Letzt noch weicher Druckfilz.

Noch ein Geheimtipp der Radierkünstler: Falls unerwünschte Kratzer auf die Platte gelangt sind, kann man ein besonderes Glätteisen benutzen oder auch mit Stahlreinigern nachhelfen.

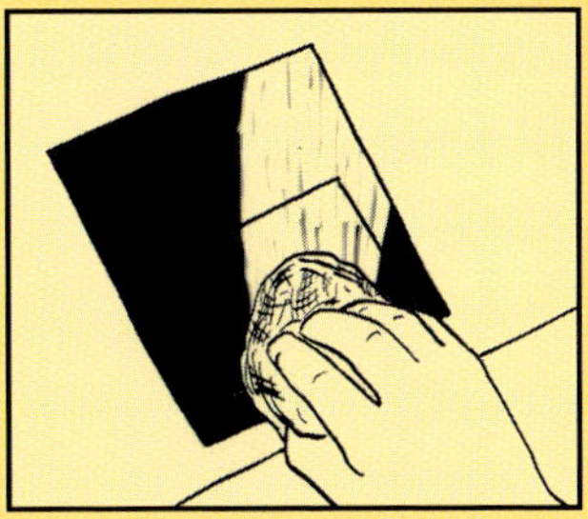

2 | Käthe Kollwitz und ihre Zeit

2

Ein Kinderreim über Kaiser Wilhelm ging damals so:

Der Kaiser ist ein lieber Mann und wohnet in Berlin,
und wär es nicht so weit von hier, so lief ich heut noch hin
und was ich bei dem Kaiser wollt, ich reicht ihm meine Hand
und reicht die schönsten Blumen ihm, die ich im Garten fand
und sagte dann: Aus treuer Lieb bring ich die Blumen dir,
und dann lief ich geschwind hinfort und wär bald wieder hier.

Reiche und Arme trennen Welten ...

Kaiser Wilhelm war Deutschlands Kaiser und gleichzeitig König von Preußen. Er wurde 1888 gekrönt und musste nach dem Ersten Weltkrieg abdanken. Danach gab es nie wieder einen König oder einen Kaiser in Deutschland. Manchmal hörte man den Satz: „Wir wollen unseren alten Kaiser Wilhelm wiederhaben“ als Erinnerung an die „gute alte Zeit“. Doch war nicht alles gut in dieser Zeit. Der Kaiser war sehr streng und altmodisch. Mit der Kunst von Käthe Kollwitz war er auch nicht ganz einverstanden. Es ärgerte ihn, dass eine Frau die schlechten Verhältnisse in seinem Kaiserreich aufzeigte und damit auch noch so erfolgreich war.

Eine Kunst, die sich über die von Mir bezeichneten Gesetze und Schranken hinwegsetzt, ist keine Kunst mehr, (...) sagte der strenge Kaiser.

Es gibt doch Erfreuliches im Leben. Warum zeigst du immer nur die düstere Seite? fragten Käthes Eltern.

Nicht nur für Künstler war die Zeit unter Kaiser Wilhelm schwierig. Die ungelösten Probleme dieser Jahre, die Arbeitslosigkeit und der Hunger vieler Menschen haben Käthe Kollwitz sehr beschäftigt. Deswegen suchte sie sich auch zunächst Geschichten aus der Vergangenheit, in denen ähnliche Situationen vorkamen, denn eigentlich fand sie gerade dieses „Nicht-Schöne“ besonders interessant.

Ein Weberaufstand

Der Dichter Gerhart Hauptmann hatte sich – ähnlich wie die Künstlerin Käthe Kollwitz – um das Leben der armen Leute gesorgt. In seinem Stück „Die Weber“ beschäftigte er sich mit dem Elend der Weber in Schlesien, die immer weniger Lohn für ihre Arbeit erhielten und Hunger leiden mussten. Gerhart Hauptmann beschreibt den kaltherzigen Fabrikanten Dreißiger, der die Weber ausbeutet. Käthe Kollwitz sah das Theaterstück 1893 und war sehr beeindruckt. Sie ließ alles andere liegen und machte sich sofort an die Arbeit. Lange probierte sie aus, mit welcher Technik es ihr am besten gelingen könnte, die Geschichte der Weber, die sich gegen den reichen Dreißiger zur Wehr setzten, darzustellen. Sie versuchte es mit Radierungen und später, als sie dies ein bisschen besser beherrschte, auch mit Lithographien. Käthe Kollwitz war sehr stolz auf das Ergebnis. Besonders die aufgeregte Menge der Weber, die mit Verzweiflung und wilder Wut im Bauch zum Haus des Fabrikanten zogen, gelang ihr gut. Ihr Vater freute sich besonders über die gelungenen Arbeiten seiner Tochter und war sehr stolz. Solch eine Folge von einzelnen Bildern zu

Vorherige Doppelseite:
Käthe Kollwitz hat die wichtigsten Szenen des Weberaufstands dargestellt. Als ihre Werke auf der großen Berliner Kunstausstellung gezeigt wurden, waren alle beeindruckt.
Weberzug aus dem Zyklus „Ein Weberaufstand“, 1893–97, Blatt 4, Strichätzung und Schmirgel.

Dass dies die Villa eines reichen Mannes ist, erkennt man sofort, oder?

Sturm aus dem Zyklus „Ein Weberaufstand“, 1893–97, Blatt 5, Strichätzung und Schmirgel.

2

einem Thema nennt man Zyklus. Der Weberaufstand ist nicht der einzige Zyklus, den Käthe Kollwitz geschaffen hat.

Der Bauernkrieg

Im Mittelalter hatten die Bauern so gut wie gar keine Rechte. Die Adligen strichen den ganzen Gewinn der Bauern ein, so dass diese Hunger leiden mussten. Klar, dass es bei einer so ungerechten Verteilung zum Streit kommen musste.

Und wie so oft sind es meist einzelne tapfere Menschen, die den Kampf beginnen. Zur Zeit der Bauernkriege war das die so genannte Schwarze Anna, die den Bauern Mut machte, gegen die Obrigkeit aufzubegehren. Sie warf sich richtig ins Zeug und feuerte die Männer an, die mit Dreschflegeln und Mistgabeln gegen die Adligen loszogen.

Auch wenn sie am Ende unterlegen waren – trotzdem haben sie einen ungeheuren Mut bewiesen und sich gegen die Mächtigen aufgelehnt. Weil das Käthe Kollwitz so sehr faszinierte, hat sie die Geschichte des Bauernkriegs in einer ganzen Reihe von Bildern für die Nachwelt festgehalten, auch wenn das mit dem Krieg schon hunderte von Jahren zurücklag!

Schau dir mal die Schwarze Anna genauer an! Manche sagen ja, da hätte Käthe Kollwitz sich selber dargestellt. Und eines der Gesichter in der Menge könnte ihr Sohn Peter sein. Entdeckst du ihn?
Losbruch aus dem Zyklus „Bauernkrieg", 1901–8, Blatt 5, Strichätzung, Kaltnadel, Aquatinta.

Die trauernden Menschen beugen sich über Karl Liebknecht, der wie angeleuchtet auf seiner Bahre liegt. Die hellen Linien um seinen Kopf sehen fast wie Strahlen aus. Gedenkblatt für Karl Liebknecht, 1920, Holzschnitt.

Karl Liebknecht

Karl Liebknecht war ein Politiker, der um 1915 mit seinen Leuten bessere Zustände für die Armen und weniger Macht für die Reichen forderte. Viele Menschen hielten ihn und seine flammenden Reden für gefährlich. Die Geschichte nahm ihren Lauf und am Ende des Jahres 1919 wurde Karl Liebknecht mit seiner Verbündeten Rosa Luxemburg aufgespürt und erschossen.
Käthe Kollwitz wurde von der Familie des Ermordeten gebeten, den Toten zur Erinnerung zu zeichnen. Obwohl Käthe Kollwitz nicht immer der Meinung von Liebknecht gewesen war, eilte sie am nächsten Morgen direkt ins Leichenschauhaus und sah dort, wie die Arbeiter sich von ihrem Anführer verabschiedeten. Mit drei verschiedenen Techniken, Ra-

Die Schwurhand mit entschlossenem Blick zornig in die Höhe gereckt! Versuch es doch auch einmal! Man merkt doch gleich, dass man ganz stark dabei wird, oder?

Nie wieder Krieg, 1924, Kreide- und Pinsellithographie.

dierung, Lithographie und zum ersten Mal auch Holzschnitt, versuchte sie, das Wichtigste in diesem Bild herauszuarbeiten: die Trauer der Menschen. Nicht zufällig fühlt man sich an Bilder erinnert, die den toten Jesus zeigen.

Nie wieder Krieg

Käthe Kollwitz musste zwei Weltkriege miterleben. Sie hat im Ersten ihren Sohn Peter verloren und im Zweiten den Enkel, der auch Peter hieß. Das hat natürlich ihr ganzes Denken sehr beeinflusst. Sie musste die Ungerechtigkeit und Sinnlosigkeit des Krieges am eigenen Leibe erfahren und beschloss, mit ihrer Kunst dafür zu sorgen, dass alle Menschen überzeugte Kriegsgegner werden. Vor allem für die jungen Menschen schuf Käthe Kollwitz dann später dieses besondere Plakat, damit sie sich gegen den Krieg auflehnten und demonstrierten.

Sie hat sich auch sehr aufgeregt, als ein bekannter Dichter sich 1918 für das Durchhalten des Krieges einsetzte. Da schrieb sie sogar einen Leserbrief und erinnerte daran, dass der berühmte Goethe einmal gesagt hat: „Saatfrüchte dürfen nicht vermahlen werden!" Das soll heißen, dass man nicht die jungen Menschen ins Verderben schicken darf,

sonst können sie ihre Begabungen ja nicht mehr entfalten. Und Käthe Kollwitz schrieb damals ganz deutlich, was ihr auf der Seele lag:
Es ist genug gestorben! Keiner darf mehr fallen. (...) Nein, Deutschland will aufhören mit dem Kriege, ganz Europa will aufhören mit dem Kriege.

Mit einer Arbeit für die Sozialistische Arbeiterjugend hat sie ihre Einstellung noch einmal künstlerisch umgesetzt. So entstand für den Mitteldeutschen Jugendtag in Leipzig das Plakat „Nie wieder Krieg".

Die Kirche St. Alban wurde im Zweiten Weltkrieg stark zerstört und man beschloss, sie nicht wieder aufzubauen, um für alle Zeiten an die Opfer des Krieges zu erinnern. Die Figuren von Käthe Kollwitz passten also besonders gut in diese Umgebung. Die trauernden Eltern, ausgehauen von Erwin Heerich, Joseph Beuys/Werkstatt Mataré, Alt St. Alban, Köln, 1959.

Trauernde Eltern

Was genau ist eigentlich ein Mahnmal? Es soll an etwas erinnern und gibt gleichzeitig eine Ermahnung mit auf den Weg. Ein Mahnmal für ihren Sohn und alle Gefallenen des Krieges hatte Käthe Kollwitz im Sinn, als sie versuchte, ihren eigenen Schmerz zu verarbeiten. Daran erkennt man eine Künstlerin: Sie versucht, ihre Gefühle so auszudrücken, dass daraus ein Kunstwerk wird, das mehr als nur ihre eigene Geschichte deutlich macht.
Die Arbeit an einem solchen Werk ist schwierig und mühsam. Käthe Kollwitz begann schon bald nach Peters Tod damit. Der Krieg dauerte noch an und die Wunden waren ganz frisch. Wieder und wieder rissen sie schlechte Nachrichten aus

2

Vielleicht hat er geglaubt, richtig erwachsen zu handeln, als er sich freiwillig zum Kriegsdienst meldete. Sein Vater wollte ihn nicht ziehen lassen, denn er ahnte die Gefahr, die dem Sohn vielleicht gar nicht so bewusst war. Das Bild zeigt die letzte Aufnahme von Peter Kollwitz am 2. Oktober 1914.

der Arbeit heraus, denn weitere Freunde von Peter starben.
Wie kann ich nur diesen Schmerz um den gefallenen Sohn am besten ausdrücken, überlegte die Künstlerin. Es entstanden viele Zeichnungen, die sich mit dem Thema beschäftigten. Käthe Kollwitz zeichnete oft Hände – Hände, die wie zum Gebet gefaltet waren, aber auch Hände, die verzweifelt gerungen wurden.
1915 hat sie mit den ersten Überlegungen begonnen, später fertigte sie zwei Gipsfiguren, die trauernde Eltern zeigten. Sie knien, beten und denken ganz fest an ihr totes Kind. Man merkt ihnen ihre Trauer deutlich an. Die Figuren sollten später in Stein gehauen und in Roggevelde in Belgien auf dem Soldatenfriedhof aufgestellt werden, auf dem auch Peter lag. Es dauerte aber noch bis 1932, ehe alles fertig war.
Nach dem Ende des Zweiten Weltkriegs wollte man auch in Deutschland eine Kopie des trauernden Elternpaares stehen haben und zwar in Köln, als eine der am meisten zerstörten Städte. Der Künstler Ewald Mataré betraute seine Schüler Erwin Heerich und Joseph Beuys mit der schwierigen Aufgabe, gute Kopien der trauernden Eltern zu machen. Das geschah durch ein kompliziertes Verfahren mit Punktiergeräten und sie wurden ein bisschen größer als die Originale. 1959 konnte man sie dann in der Kirchenruine St. Alban aufstellen, als Mahnmal gegen den Krieg und dessen schlimme Folgen.
Seinerzeit schrieb Käthe Kollwitz in ihr Tagebuch: *Ich will Dich ehren mit dem Denkmal. Alle, die dich lieb hatten, behalten dich in ihrem Herzen, weiter wirst du wirken bei allen, die dich kannten und deinen Tod erfuhren.* 3. Dezember 1914

Schwebender Engel

Der Künstler Ernst Barlach ist immer ein wichtiger Kollege für Käthe Kollwitz gewesen. Mit der einfachen, aber sehr deutlichen Art seiner Figuren schaffte er es immer wieder, Gefühle und innerste Gedanken darzustellen.

Wie Käthe Kollwitz, so war auch Ernst Barlach ein Künstler, dem die menschliche Würde sehr am Herzen lag und der Unrecht deutlich erkannte. Die Geschichte einer Figur, die er gemacht hat, war untrennbar mit seiner Einstellung gegen den Krieg verbunden. Ernst Barlach schuf den „Schwebenden Engel" 1927 für den Dom in Güstrow, um an die Gefallenen des Ersten Weltkriegs zu erinnern. Kurz nachdem der Künstler 1938 gestorben war, hat man die Figur eingeschmolzen, weil man die Bronze für Gewehre und Kanonen brauchte. Eigentlich eine unglaubliche Tat und sicher auch gegen seine Kunst gerichtet. Man hatte aber heimlich die Gipsform des Engels an einen sicheren Ort gebracht. So konnte man noch einmal eine zweite Figur gießen, die 1953 in der Kölner Antoniterkirche aufgehängt wurde.

Ernst Barlach hat dem Schwebenden Engel die Gesichtszüge von Käthe Kollwitz gegeben und sagte dazu:

In den Engel ist mir das Gesicht von Käthe Kollwitz hineingekommen, ohne dass ich es mir vorgenommen hatte. Hätte ich so was gewollt, wäre es mir wahrscheinlich missglückt.

Auf der Schildergasse, und damit nur einige Schritte vom Museum entfernt, befindet sich die Antoniterkirche. Hier kann man sehr gut der Hektik des Einkaufsstresses für ein paar Augenblicke entkommen und sich den Schwebenden Engel genau anschauen. Das schöne klare Gesicht beruhigt einen sehr. Ernst Barlach, Schwebender Engel (1927), Zweitguss 1942.

2

Holzschnitt

Hierbei handelt es sich um ein Druckverfahren, bei dem das Bild in Holz geschnitten wird. Es ist das älteste Verfahren überhaupt, Bilder herzustellen und zu vervielfältigen. Die Japaner haben die Idee entwickelt, auch mehrere Farben im Holzschnitt zu drucken.

Wie geht das?

Sind es eher die hellen Linien in den Holzschnitten der Käthe Kollwitz, die das Bild zeichnen? Oder stehen die dunklen Flächen im Vordergrund?

Man kann jedes einigermaßen feste Holz verwenden. Dann wird von einem glatten Holzbrett mit einem speziellen Schneidemesser das entfernt, was später nicht farbig auf dem Bild zu sehen sein soll. Die übrig gebliebenen Stellen werden eingefärbt und auf das Papier übertragen, indem man

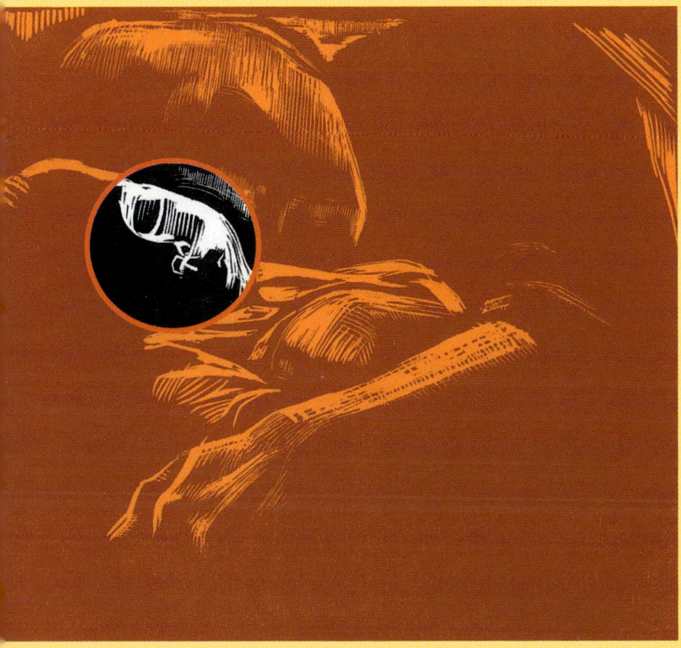

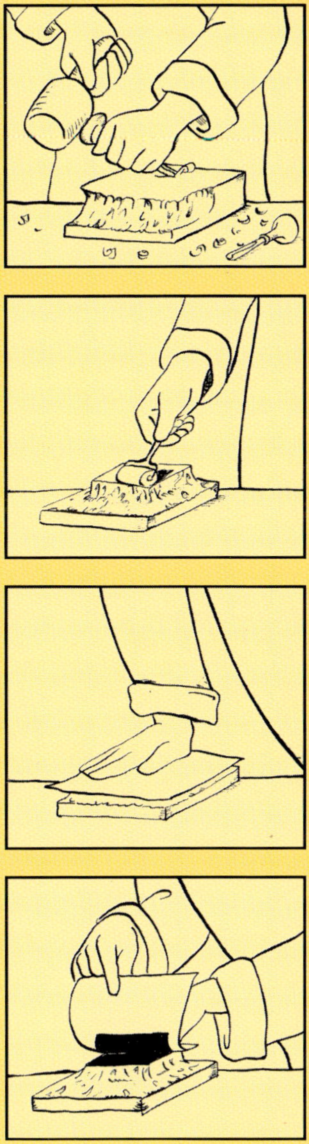

mit der Hand oder mit einem speziellen Werkzeug (Falzbein, Druckpresse) Druck ausübt. Diese Technik nennt man einen Hochdruck. Es wird nur das gedruckt, was hoch stehen bleibt und mit der Farbe angestrichen werden kann. Damit man eine Art Vorzeichnung aufbringen kann, wird das Holz oft noch mit einer Kreideschicht überzogen, auf der man besser zeichnen kann. Übrigens: Ganz wichtig ist, dass die Maserung des Holzes so verläuft, dass sie nicht in eine ganz andere Richtung geht als das Motiv, das gedruckt werden soll.
Die Werkzeuge zur Herstellung eines Holzschnittes können sehr unterschiedlich sein: Es gibt feine Stichel, mit denen man dünne Linien zieht, aber auch besondere Holzeisen, mit denen man ganze Flächen wegnehmen kann, und dünne Konturenmesser.

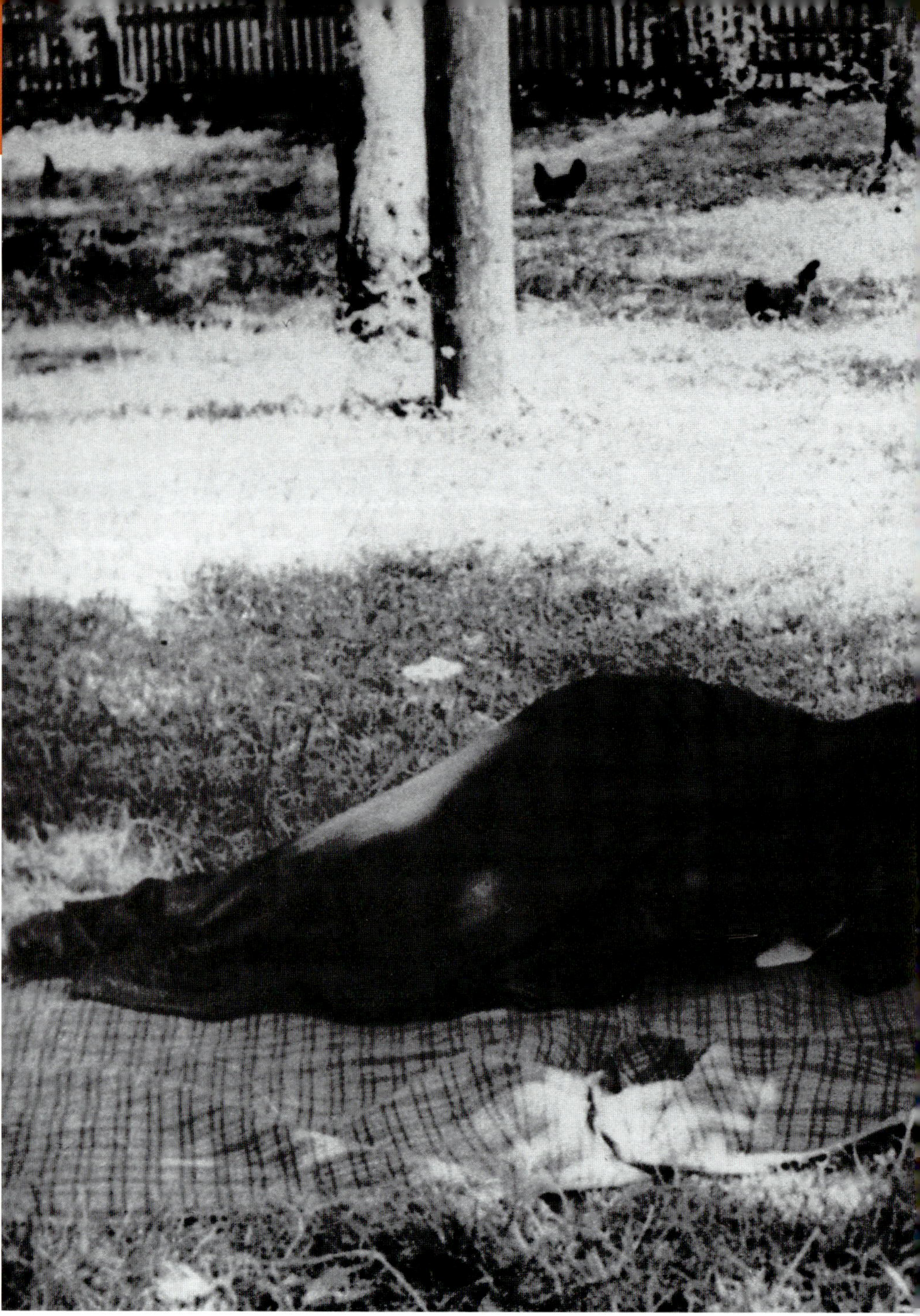

Käthe Kollwitz –

3 Ein Künstlerinnenleben

3

Vorherige Doppelseite: Käthe und Karl Kollwitz vermutlich in Karlstein, 1935.

Ein Künstlerinnen-leben

Ich bin als fünftes Kind der Eltern geboren (...), auf dem Weidendamm 9 in Königsberg.

Wir schreiben das Jahr 1867 und die Familie Schmidt lebte sehr gutbürgerlich, denn der Vater war Bauunternehmer und Maurer. Julie, Konrad und Lisbeth hießen die Geschwister – drei weitere Geschwisterchen von Käthe Kollwitz starben schon ganz früh.

Als Kind stromerte Käthe immer in den Hafenvierteln von Königsberg herum. Eigentlich kein Ort für kleine Mädchen. Sie beobachtete die Arbeiter, Händler und Schiffer genau und zeichnete viele von ihnen. Ihr Vater erkannte ihr Talent. Er wollte gerne, dass sie viel lernte. Dazu muss man wissen, dass es zu dieser Zeit höchst unüblich für Mädchen war, sich im Zeichnen und anderen künstlerischen Techniken ausbilden zu lassen. Man war sogar der Meinung, dass es Mädchen und Frauen schlecht bekommen könnte, wenn sie malten. Gott sei Dank war Käthes Vater zu gebildet, um sich dieser Meinung anzuschließen.

Er schickte Käthe mit zehn Jahren zum Zeichenunterricht. Ein Kupferstecher brachte ihr die wichtigsten Grundlagen bei und Käthe war ganz begeistert. Aber sie wollte immer mehr lernen und so konnte sie endlich 1886 ein Studium beim Künstler Karl Stauffer-Bern in Berlin beginnen. Dort freundete sie sich mit Beate Bonus-Jeep an – eine Freundin,

Wie sieht man denn eigentlich mit schlechter Laune aus? Oder wenn einem langweilig ist?

Selbstbildnis mit aufgestütztem Kopf, 1889–91, Feder und Pinsel in Sepia auf Bütten.

die sie ihr ganzes Leben begleitete. Beate nannte Käthe „Tintarolo". Sie fühlte sich durch den breiten Mund und das lustige Lachen in Käthes Gesicht an italienische Sparbüchsen erinnert, die als Mund einen breiten Schlitz zum Geldeinwerfen haben.

Hier ist Käthe Kollwitz schon Großmutter. Die Geste mit der aufgestützten Hand ist immer noch typisch für sie.

Über ihren Bruder Konrad lernte Käthe dessen Freund Karl Kollwitz kennen. Sie verlobten sich dann recht bald. Das gefiel ihrem Vater allerdings nicht, denn er befürchtete, dass sie bald nur noch Hausfrau und Mutter sein und keine Zeit mehr für ihre Kunst haben würde.

1891 heiratete Käthe Schmidt den jungen Kassenarzt Dr. Kollwitz und schon ein Jahr später wurde sie Mutter. Ihr Sohn Hans kam zur Welt und als 1896 der kleine Peter geboren wurde, schien ihr Glück vollkommen. Die Familie wohnte in einem Berliner Arbeiterbezirk und durch den Beruf ihres Mannes lernte Käthe Kollwitz viel über das Leben der einfachen Menschen – ihre Sorgen und Nöte beschäftigten sie sehr.

1898 war es endlich soweit: Käthe Kollwitz stellte zum ersten Mal ihre eigenen Werke aus. 1893 hatte sie eine Theatervorstellung von „Die Weber" besucht und sogleich mit der Arbeit an dem großen Zyklus begonnen, von dem weiter vorne schon die Rede war. Sie war als Künstlerin sehr erfolgreich – ihr Vater hatte sich also umsonst gesorgt. Sie fuhr

3

Karl Kollwitz war ein guter Arzt und verständnisvoller Ehemann. Er hat Käthe Kollwitz und ihre Kunst immer unterstützt. Sie hingegen hat ihn bewundert, weil er so vielen Menschen selbstlos geholfen hat.

sogar nach Paris. Dort war wirklich was los! Alles, was Rang und Namen in der Kunstwelt hatte, tummelte sich dort. 1901 wurde Käthe Kollwitz Mitglied in der so genannten „Berliner Secession“. Secession, auch Sezession (aus dem Lateinischen: *secessio* für Abspaltung oder Absonderung), bezeichnet die Abwendung einer Künstlergruppe von einer Kunstrichtung, die sie nicht mehr zeitgemäß findet. Die Berliner Künstler wollten vor allem gegen die strenge Richtung protestieren, die der Kaiser eingeschlagen hatte. Der hatte doch tatsächlich die Kunst von Käthe Kollwitz und anderen als „Rinnsteinkunst“ bezeichnet. Trotzdem erhielt Käthe Kollwitz 1898 einen Lehrauftrag an der Berliner Künstlerinnenschule und unterrichtete von nun an junge Frauen im Zeichnen und Radieren. Schließlich hatte sie bereits eine Goldmedaille für ihren „Weberaufstand“ erhalten. Sie war nun eine anerkannte Künstlerin und erhielt 1907 sogar den berühmten Preis der „Villa Romana“. Der ist vor allem deswegen so begehrt, weil er einen mehrmonatigen Aufenthalt in Italien beinhaltet.

Als 1909 ihr Großvater hundert Jahre alt geworden wäre, fing Käthe Kollwitz an, auch Skulpturen zu machen. Für ein Denkmal modellierte sie ein Relief und in den folgenden Jahren lernte sie viele Tricks und Kniffe der Bildhauer. Sie hat nicht viele Figuren hergestellt – schließlich ist das eine ziemlich aufwendige Technik –, aber sie beschäftigte sich immer ganz lange mit den Ideen dazu. So führten jedes Mal zig Vorzeichnungen und Skizzen über mehrere Jahre hinweg zu einer Figur, die dann besonders gelungen war. Ganz besonders eindrucksvoll sind die zwei Figuren der „Trauernden Eltern“, die sie nach der schrecklichsten Erfahrung ihres Leben angefangen hat – dem Tod ihres Sohnes Peter.

Als 1914 der Erste Weltkrieg ausbrach, zog ihr jüngster Sohn als einer der ersten Freiwilligen in den Krieg. Schon im Oktober desselben Jahres musste Käthe Kollwitz die Nachricht verkraften, dass er gefallen war. Sie war sehr traurig und verzweifelt.

In solch einer selbstbewussten Haltung ließen sich sonst nur berühmte Männer malen. Selbstbildnis, 1889, Feder und Pinsel.

Rembrandt Harmenszoon van Rijn lebte zwar drei Jahrhunderte früher (1606–69), aber Käthe Kollwitz hat sich vor allem bei den Selbstbildnissen von ihm beeinflussen lassen.
Selbstbildnis mit aufgerissenen Augen, 1930, Albertina Wien.

Eine Zeit lang fehlte ihr sogar die Kraft zum Arbeiten. Dann aber beschloss sie, sich noch stärker für die Menschen einzusetzen, die Not litten. Und vor allem wollte sie deutlich machen, dass es nie wieder Krieg geben sollte. Bis 1918 dauerte der Erste Weltkrieg jedoch und er blieb leider auch nicht der einzige im Leben der Künstlerin.
1919 wird Käthe Kollwitz Professorin an der Preußischen Akademie der Künste. Das ist schon etwas Besonderes und ihre Stimme wurde in Deutschland gehört. Sie ist eine der wichtigsten deutschen Künstler – Künstlerinnen gibt es immer noch nicht viele.
Käthe Kollwitz war gegen den Krieg und prangerte den Hunger und das Elend der einfachen Menschen an. Am besten gelang ihr das in zahlreichen Plakaten, die von sehr vielen Menschen gesehen wurden. 1923 entsteht „Deutschlands Kinder hungern!“ und ein Jahr später das berühmte „Nie wieder Krieg!“.
1929 erhielt sie einen der höchsten Orden überhaupt, der in Deutschland verliehen wurde: den Orden „Pour le Mérite“. Das heißt: für das Verdienst. Das ist kein üblicher militärischer Orden, sondern einer, der nur Wissenschaftlern und Künstlern verliehen wird. Deswegen wird er auch heute immer noch verliehen. Die Soldatenorden hat man nach dem Krieg abgeschafft.
Wieder standen Käthe Kollwitz harte Jahre bevor. Nachdem sie 1932 endlich die in Stein gehauenen Figuren der „Trauernden Eltern“ auf dem Friedhof in Flandern aufstellen ließ, nahm in Deutschland ab 1933 eine schlimme Entwicklung ihren Lauf. Die Nationalsozialisten kamen an die Macht und bestimmten, welche Künstler weiterhin arbeiten durften und welche nicht. Käthe Kollwitz war den Machthabern natürlich schon allein deswegen nicht

Der Orden „Pour le Mérite“

geheuer, weil sie Hunger und Elend darstellte. Ab 1935 konnte sie nicht mehr offiziell ausstellen. Ihren 70. Geburtstag verbrachte sie unter sehr schwierigen Umständen und ihre Werke wurden aus den Museen entfernt. Schließlich brach dann 1939 der Zweite Weltkrieg aus. Nachdem Karl Kollwitz 1940 starb und sie auch noch ihren Enkelsohn Peter 1942 im Krieg verlor, war Käthe Kollwitz sehr traurig. Sie war der Meinung, dass die Menschen es wohl nicht mehr gut miteinander meinten. Weil Berlin unter vielen Luftangriffen zu leiden hatte, zog Käthe Kollwitz zuerst zu einer Schülerin nach Nordhausen und lebte bis zu ihrem Tod 1945 in Moritzburg bei Dresden. Sie hat leider das Kriegsende nicht mehr erlebt, weil sie drei Wochen vorher starb.

Käthe Kollwitz hat viel erlebt. Sie wirkt sehr müde, auf eine gewisse Art aber auch weise. Selbstbildnis im Profil nach links, 1924, Pinsel in Deckweiß, schwarz laviert, auf dunkelgrünem Tonpapier.

Lithographie

Weil er sich die herkömmlichen Druckverfahren nicht leisten konnte, suchte der Hobbyschriftsteller Aloys Senefelder vor ungefähr zweihundert Jahren nach preisgünstigeren Alternativen und dieser Tatsache verdanken wir die Erfindung einer neuen Drucktechnik. Nachdem er über einen Untergrund nachgedacht hatte, der die Möglichkeit bieten könnte, Motive so festzuhalten, dass man sie später wieder drucken kann, fand er in den Kalkschieferbrüchen von Solnhofen einen geeigneten saugfähigen Stein für sein Vorhaben.

Wie geht das?

Für das Drucken mit dem Stein nutzte der schlaue Senefelder einen ganz einfachen natürlichen Vorgang. Jeder weiß: Wasser und Fett stoßen sich ab (nicht umsonst schwimmen die Fettaugen oben auf der Suppe!!!). Er musste also nur noch mit fetthaltiger Kreide oder Tusche die Bilder und Schriften seitenverkehrt auf die glatt geschliffenen Steinplatten malen. Danach befeuchtete er den Stein mit Wasser. Die Farbe blieb natürlich nicht auf der nassen Oberfläche des Steins haften, wohl aber im Bereich der fetthaltigen Striche seiner Zeichnung! Immer wieder lässt sich nun der Stein mit neuen Motiven auf diese Weise nutzen, wenn man ihn vorher schön fein abschleift. So kann man praktisch unbegrenzt Abzüge machen und auch sehr fein und genau zeichnen und malen – wie auf ein glattes Blatt Papier.

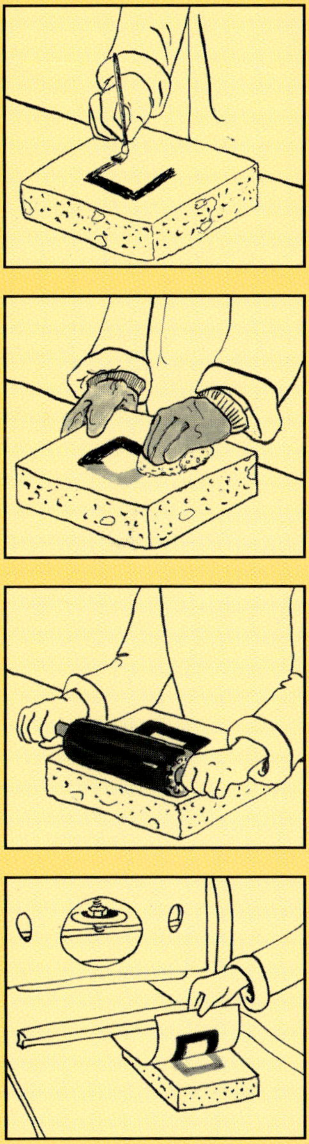

Die Zahl der Abzüge war prinzipiell unbegrenzt und ihre Wiedergabe im Detail sehr fein und genau. Zunächst haben viele Verleger dieses Verfahren genutzt, um beispielsweise Notenblätter damit zu vervielfältigen. Später kamen dann die Künstler auf die Idee, diese einfache und schnelle Technik zu nutzen. Außerdem war das Verfahren auch recht preisgünstig und unempfindlicher als die anderen Druckmöglichkeiten.

Worauf man achten muss!

Bei allen Druckverfahren muss man immer daran denken, dass das Bild spiegelverkehrt herauskommt. Will man also unbedingt beim fertigen Blatt etwas auf der rechten Seite haben, dann muss man es auf der Vorlage auf der linken Seite entwerfen. Besonders kniffelig ist es natürlich, wenn Schrift verwendet wird.
Und: Einmal etwas falsch geschnitten, geritzt oder geätzt, lässt es sich in der Vorlage nur ganz mühsam oder auch gar nicht korrigieren! Höchste Konzentration ist gefragt!

Käthe Kollwitz hat sich oft selber porträtiert. Aber nur dieses eine Mal als Plastik. Der Ausdruck des Gesichts ist sehr konzentriert. Selbstbildnis, 1926–32, Bronze.

Was es noch zu wissen gibt ...

Auflage

Drucke werden immer in einer vorher festgelegten Anzahl hergestellt. Das nennt man Auflage. Diese werden durchnummeriert. Zum Beispiel bedeutet die Nummer 12/20, dass es sich um das zwölfte Blatt von insgesamt zwanzig gleichen Blättern handelt. Manchmal findet man auch die Bezeichnung „e. a.“. Das ist die Abkürzung des französischen *epreuve artiste* und heißt, dass der Künstler sich eigene Abzüge gemacht hat, die nicht unbedingt in den Verkauf gehen sollten.

Bronzeguss

Sicher hast du dich schon gefragt, wie die schönen Figuren entstanden sind, die Käthe Kollwitz geschaffen hat. Sie sind aus Bronze, einem Metall, das am häufigsten für Skulpturen genutzt wird. Meist hat Käthe Kollwitz ein Modell aus Ton oder Gips geformt, das dann von einem Profi in Bronze übertragen wurde. Dazu wird ein Abdruck vom Modell gemacht und in dieses „Förmchen“ kann man dann – nachdem es speziell beschichtet wurde – flüssige Bronze hineingießen.
Damit die Oberfläche einheitlicher wirkt, wird der fertige Bronzeguss mit einer Patina überzogen. Das wirkt dann wie eine künstliche Alterung und be-

steht oft aus Farbe mit Wachs oder Öl gemischt. Weißt du eigentlich, warum man Bronzefiguren möglichst nicht anfassen sollte? Wir schwitzen ja immer ein wenig an den Händen und der Schweiß reagiert dann mit der Bronze, so dass sie möglicherweise nach einiger Zeit nicht mehr so schön aussieht.

Zeichnungen

Mit einem Bleistift lassen sich schnelle Striche nebeneinander setzen – ganz locker aus dem Handgelenk. Weiche Bleistifte sind dazu geeignet, runde und weiche Formen zu zeichnen, mit harten wird alles sehr genau.
Mit einer Stahlfeder lassen sich vor allem Hell-Dunkel-Kontraste gut darstellen. Mit kreuzweise übereinander liegenden Strichen erzeugt man dunkle Stellen.
Natürlich kann man mit ganz feinen Pinseln auch dünne Striche ziehen, aber meistens eignet sich diese Technik besser für großflächige Stellen, die schwungvoll ausgeführt werden sollen.
Mit Kohle hat Käthe Kollwitz am liebsten gezeichnet. Sie besteht aus verkohlten Holzstückchen und man kann wundervoll damit arbeiten. Dünne Striche lassen sich mit der Kante des Kohlestücks sehr gut ziehen, der breite Teil malt weich und plastisch. Wenn man über das Gezeichnete wischt, lassen sich weitere Effekte erzielen.
Kreide ist noch ein Material aus der Natur, das sowohl genaue Striche als auch weich gewischte Partien zeichnet. Wichtig dabei ist ein farbiges Papier, auf dem gearbeitet wird. Man kann der Kreide auch Fett oder Farbpigmente beifügen und schon hat man weitere wunderbare Malmittel.

Lise, auf einem Sofa schlafend, um 1890, Feder und Pinsel in Tusche.

Deutschlands Kinder hungern!, 1923, Kreidelitographie.

Mit welcher Methode lassen sich die feinsten Striche ziehen?

Der Blick hinter die

4 Museumskulissen

Vorherige Doppelseite: Käthe Kollwitz im Jahr 1906. Sie hat einen sehr intensiven Gesichtsausdruck, der sympathisch und entschlossen wirkt.

Wie alles begann …

Mit sechzig Zeichnungen begann die Geschichte des Museums. Die Kreissparkasse Köln hat sie gekauft, damit sie nicht in alle Winde zerstreut werden. Denn es ist doch viel schöner, wenn das Werk der Künstlerin Käthe Kollwitz zusammenbleibt. Und wieso sollte sich eine Bank nicht auch einmal in einem ganz anderen Bereich engagieren? Durch das Ausstellen der Werke bringt man der Öffentlichkeit die Bedeutung von Käthe Kollwitz näher und es können daraus schöne Bücher, Ausstellungen und viele interessante Veranstaltungen rund um das Werk der berühmten Künstlerin entstehen.

Wie kommen eigentlich die Bilder ins Museum?

Ein Interview mit der Direktorin des Museums, Hannelore Fischer

Hannelore Fischer ist seit 1990 die Direktorin des Käthe Kollwitz Museums in Köln. Sie gilt als eine der besten Kennerinnen des Werkes von Käthe Kollwitz überhaupt und löste die Kollwitz-Enkelin Jutta Bohnke als erste Leiterin des Museums ab.

Frau Fischer, angefangen hat das Museum ja mit den sechzig Bildern, die die Kreissparkasse damals von den Enkelinnen von Käthe Kollwitz kaufen konnte. Heute gibt es aber weit über siebenhundert Werke in der Sammlung. Woher kommen denn die anderen Bilder?

H. F.: Es gibt Privatleute, die kommen beispielsweise mit einem gerahmten Bild ins Museum und sagen: Wir möchten das gerne verkaufen. Manchmal haben wir tatsächlich schon ein Bild gekauft. Häufig stellt sich allerdings heraus, dass es gar kein echtes Bild von Käthe Kollwitz ist – Fälschungen hatten wir auch schon mal darunter. Dann sind die Besitzer natürlich ziemlich enttäuscht.

Wann haben Sie das letzte Bild für das Museum erworben?

H. F.: Das ist noch gar nicht so lange her. Ich habe es auf einer wichtigen Auktion in Bern im Juni 2005 kaufen können.

Was ist denn eine Auktion?

H. F.: Das ist eine Veranstaltung, auf der Kunstwerke – in diesem Fall nicht nur von Käthe Kollwitz – aus privaten und sonstigen Sammlungen verkauft werden. Meist gibt es einen Katalog, in dem alle Angebote aufgelistet sind. Diese werden dann vorher gründlich studiert. Man muss ganz genau überlegen, was man haben und wie viel Geld man ausgeben möchte. Das ist alles sehr spannend und die letzte Auktion war besonders aufregend!

Wieso das denn?

H. F.: Es ging um ein Selbstbildnis von Käthe Kollwitz, das wir schon sehr lange für unser Museum kaufen wollten. Es ist ein Steindruck, von dem insgesamt nur ganz wenige Exemplare bekannt sind. Viermal wurde ein solcher Druck bereits auf anderen Auktionen angeboten. Viermal habe ich mitgeboten, musste dann aber irgendwann aufhören, weil er zu teuer wurde. Jedes Mal tat es mir unendlich Leid, wenn ich sah, wie jemand anderes mit „meinem“ Bild davonzog. Bei der Auktion jetzt im Juni gab es die letzte Chance, dieses Selbstbildnis aus einer Privatsammlung zu bekommen. Danach wäre es vermutlich nie wieder angeboten worden. Also war ich wirklich nervös.

Mitten in der Stadt am lebendigen Neumarkt liegt das Museum, zu dem man durch die Neumarkt Passage gelangt. Die Fahrt mit dem gläsernen Aufzug in den 4. Stock ist ein spannendes Erlebnis.

Und? Haben Sie es am Ende bekommen?

H. F.: Ja, aber es war schon sehr knapp. Für das Bild interessierten sich noch andere Käufer, die mich eine Zeit lang immer wieder überboten haben, doch schließlich bekam ich es trotzdem. Jetzt bin ich ganz glücklich, dass das Museum dieses wichtige Bild in seine Sammlung aufnehmen kann.

Werden alle Kunstwerke ausgestellt, die das Museum besitzt?

H. F.: Nein, so viel Platz haben wir nicht. Wir haben ein so genanntes Depot. Dort befinden sich noch viele Werke in Schubladen. Das ist ja auch die Aufgabe eines Museums – das Bewahren der Bilder. Wir leihen zudem oft Arbeiten an andere Museen aus, die Bilder von Käthe Kollwitz für besondere Ausstellungen benötigen.

Frau Fischer, gibt es eigentlich ein Lieblingsbild von Käthe Kollwitz, das Ihnen besonders ans Herz gewachsen ist?

H. F.: Im Moment ist das – was sich jeder denken kann – das tolle Selbstbildnis, das ich gerade erwerben konnte.

Bild links:
Als Mitglied der Berliner Secession konnte Käthe Kollwitz wichtige Kontakte knüpfen. So lernte sie z. B. auch die Künstler Auguste Rodin und Théophile Alexandre Steinlen kennen, die sie beide sehr beeindruckten.
Selbstbildnis en face, 1904, Kreide- und Pinsellithographie in vier Farben.

In den museumspädagogischen Angeboten des Käthe Kollwitz Museums Köln gibt es für Kinder verschiedener Altersgruppen zahlreiche Möglichkeiten, sich mit der Künstlerin auseinander zu setzen. Zeichenkurse, Theaterkurse oder verschiedene Druckworkshops – in einem regelmäßig erscheinenden Besucherprogramm finden Interessierte die aktuellen Termine auch unter www.kollwitz.de.

4

Das sagen Kinder, die das Museum besucht haben:

„Ich bin ein Kind und kann nicht viel sagen nur einzig war, dass Käthe nie auf ihren Bildern gelacht hat aber die Bilder trotzdem nicht negativ sind. Sie konnte die Leute ansprechen ohne dass sie die Leute angelacht hat."

„Ich dachte, ich wäre ‚hart' und diese Bilder würden in mir nichts bewegen – doch diese Wahrhaftigkeit der Bilder ließ mich erschauern. (...) Diese Bilder sind wundervoll gezeichnet."

„Ich habe Respekt vor diesen Frauen."

„Dieses Museum hat mich so sehr inspiriert, dass ich auch malen muss."

„Nie wieder Krieg! Ich bin 10 Jahre alt und komme aus Hamburg."

„Ich wusste vorher nicht, dass es in Köln ein Käthe Kollwitz Museum gibt, doch es hat mich sehr beeindruckt, trotz meines in der Schule erlangten Vorwissens über sie."

„Peace forever. Schönes Museum. Klasse 7d"

„Ein großes Lob an die Frau, die die Bilder gema(h)lt hat."

„Durch die Zeichenkunst dieser Frau war ich einfach fasziniert. Ich selber wünschte, so gut zeichnen zu können."

„Käthe Kollwitz schafft es mit ihren Bildern, mir eine Gänsehaut zu versetzen. Es ist als würde man von ihnen in die Vergangenheit gezogen (...)."

„Ich bin beeindruckt, wie viele Gefühle ein Bild zeigen kann."

Die Kinder sind beeindruckt von den Werken der Käthe Kollwitz.